HÉROES DE LA BIBLIA

ESCUELA BÍBLICA VACACIONAL
MATERIAL PARA EL MAESTRO

Autora: Patricia Picavea
Diseño interior y portada: Isabel Ambrosio
Redacción de lecciones: Edith Margot Vílchez
Producido por la oficina de Ministerios de Escuela Dominical y Discipulado
Región Sudamérica.
Primera edición 2017
Publicado por Producciones SAM

© Copyright 2017

ISBN: 978-1-63580-169-9

CONTENIDO

INTRODUCCIÓN	5
PROPÓSITO	6
PERSONAJES	7
LECCIONES	
LECCIÓN 1 - NOÉ	
LECCIÓN	11
HISTORIA DE MEMO, RIZOS Y CHISPITA	12
AYUDAS VISUALES	13
MANUALIDAD 4-6	14
MANUALIDAD 7-9	16
MANUALIDAD 10-12	18
LECCIÓN 2 - MOISÉS	
LECCIÓN	20
HISTORIA DE MEMO, RIZOS Y CHISPITA	21
AYUDAS VISUALES	22
MANUALIDAD 4-6	23
MANUALIDAD 7-9	25
MANUALIDAD 10-12	27
LECCIÓN 3 - DANIEL	
LECCIÓN	30
HISTORIA DE MEMO, RIZOS Y CHISPITA	31
AYUDAS VISUALES	32
MANUALIDAD 4-6	33
MANUALIDAD 7-9	35
MANUALIDAD 10-12	37
LECCIÓN 4 - JONÁS	
LECCIÓN	39
HISTORIA DE MEMO, RIZOS Y CHISPITA	40
AYUDAS VISUALES	41
MANUALIDAD 4-6	42
MANUALIDAD 7-9	44
MANUALIDAD 10-12	46
LECCIÓN 5 - JESÚS	
LECCIÓN	49
HISTORIA DE MEMO, RIZOS Y CHISPITA	50
AYUDAS VISUALES	51
MANUALIDAD 4-6	52
MANUALIDAD 7-9, 10-12	56
ANEXOS	58

INTRODUCCIÓN

A continuación le estamos incluyendo cinco lecciones para desarrollar durante una Escuela Bíblica Vacacional de una semana (lunes a viernes). El tema de este material es "Héroes de la Biblia" y las lecciones son las siguientes:

- Noé
- Moisés
- Daniel
- Jonás
- Jesús

A cada una de las lecciones mencionadas le incluimos sencillas sugerencias de cómo presentarlas a las diferentes edades. Recuerde que cada edad tiene características propias, por lo que debemos enseñar las lecciones teniendo presente esa diferenciación. Junto a cada lección, encontrará una página con ayudas visuales para usar en la presentación de la lección. Ésto le ayudará a hacer más dinámica y atractiva cada clase.

El material para cada lección también incluye una actividad manual para cada una de las diferentes edades. Al utilizar este material, tiene permiso para fotocopiar las paginas, que necesite para trabajar con los niños.

Es nuestro deseo que el presente material sea de su agrado y le ayude en la enseñanza de la Biblia a los niños y niñas de su iglesia local y comunidad.

PROPÓSITO

Por medio de esta semana especial de Escuela Bíblica Vacacional, trabajaremos con el niño el fortalecimiento del carácter. Así pues, debemos ayudar a crear en el niño definiciones precisas con respecto a su vida espiritual, aspectos que perduren en él durante toda la vida.

PERSONAJES

En esta oportunidad, tendremos tres personajes para trabajar los temas. Ellos son tres amigos inseparables: Memo, Chispita y Rizos, todos ellos de 10 años. Usted los puede representar en foamy (goma eva o corospún), en papel construcción, en tela u otro material. Si prefiere, puede crear títeres que representen estos personajes para dramatizar la historia, o puede pedir que algunos jovencitos se vistan como niños y dramaticen cada historia o algunas de ellas.

A continuación, conozcamos a cada uno de los personajes.

Memo: Es un niño muy simpático y travieso. Él es quien siempre está trayendo ideas y propuestas al grupo. Sus papás son fieles cristianos y tienen una buena relación con él.

Chispita: Es una niña impulsiva, inquieta; pero siempre tiene buenas ideas. Ella vive con su abuelita que es una fiel cristiana.

Rizos: Es un niño tímido, cooperativo y siempre sigue instrucciones. Sus papás están divorciados y no son cristianos. Él vive con su mamá.

LECCIONES Y MANUALIDADES

NOÉ
GÉNESIS 6 - 9

PROPÓSITO

Mostrar a Noé como un hombre que supo obedecer a Dios, aun yendo contra los demás. Llegó a ser un héroe cuya historia se encuentra en la Biblia.

INTRODUCCIÓN

Esta es una antigua historia. ¿Ustedes saben qué es una historia? ¿Y conocen cuál es la diferencia que hay entre una historia y un cuento? Sí una historia es algo que sucedió en la vida real, pero el cuento es una historia ficticia; es decir, que alguien la inventó de su imaginación para entretener a otros. En una historia, lo que se cuenta es lo que vivieron personas como nosotros y lo cual sucedió alguna vez. La vida de Noé es una historia, porque sucedió hace muchos años.

LECCIÓN

En el mes de febrero, en el colegio de Rizos, celebraban el día de los héroes. Todos en la clase tenían que ir disfrazados de un héroe inventado. Así que Rizos estuvo pensando qué héroe quería ser, y qué poderes tendría; pero como no se le ocurría nada, decidió pedir ayuda a sus amigos.

Memo entusiasmado pensó en un héroe que se transformara en un gigante que tuviera mucha fuerza, y así podría ser invencible.

Rizos se emocionó con la idea, pero como no era muy alto, pensó en que no podría ser un héroe gigante.

Mientras pensaban y comían galletitas, sentados en el patio de la casa de Memo, Chispita dijo: "¡Quizá podrías ser como Noé! ¿Te recuerdas de lo que aprendimos en la iglesia acerca de él? De cómo construyó un barco enorme y así salvó a su familia y a dos animales de cada especie.

Memo dijo: "Pero si es un héroe como Noé, no tendrá ningún superpoder. ¿Entonces, cuál sería su poder?

En ese preciso momento, se acercaba la mamá de Memo trayendo el jugo, de modo que escuchó lo que expresó Memo; a lo cual dijo: "Noé era como cualquiera de nosotros. No andaba vestido como los superhéroes que salen en los dibujitos; pero cuando obedeció a Dios, él recibió superinteligencia para hacer un arca enorme. Asimismo, Dios le dio el poder de hacer que los animales le hicieran caso y entren al arca. ¡Es por eso que Noé es un héroe!

— ¡Sí! —dijo Rizos—. ¡Puedo ser un héroe como Noé! Y mi poder sería el de la superinteligencia y así construir cosas que ayuden a otras personas y animales. De paso podré compartir cómo Dios actuó por medio de Noé, porque él le obedeció. También podría

TEXTO BÍBLICO

"Pero Noé halló gracia ante los ojos de Jehová." Génesis 6:8

advertir que debemos arrepentirnos del pecado y obedecer a Dios como lo hizo Noé.
–Pero ¿qué nombre me pongo? —preguntó Rizos.
Chispita contesto: "Rizos el Constructor".
Pregunte a los niños: ¿Qué nombre le pondrían ustedes? ¿Se recuerdan de la historia de Noé? ¿Sabían que cuando somos obedientes a Dios, Él promete estar con nosotros y podemos ser héroes como Noé?

SUGERENCIA

Al terminar la historia de Memo, Rizos y Chispita (sea que la dramatice, la presente con títeres o se la narre a los niños), refuerce el relato bíblico. Si esta lección es muy conocida por los niños de ocho años en adelante, puede ir contándola e ir interrumpiendo con preguntas para que ellos vayan contestando. Puede premiar al que levante la mano primero y conteste correctamente.
Con los más pequeños, puede utilizar las ayudas visuales de la siguiente página.

APLICACIÓN

Dios nos pide que anunciemos que Jesús quiere perdonar nuestros pecados y salvarnos. ¿Cómo nos hace sentir esto con respecto a nuestros amigos? Muchas veces, al igual que en el tiempo de Noé, la gente no quiere oír de Jesús. Pero debemos hablar de Él sin importar lo que otros digan.
En este tiempo, no anunciamos un diluvio; pero necesitamos anunciar que si queremos entrar al cielo y vivir con Jesús, debemos ser obedientes en todo.
En nuestra época, Dios no nos pedirá que construyamos un arca, ¿verdad? Pero sí nos pide que le obedezcamos. Quizá habrá gente que no quiera saber de Dios y que se burle de nosotros por hacer lo que Dios nos pide. Sin embargo, cuando somos obedientes a Dios, podemos llegar a ser héroes como Noé quien salvó a su familia y a muchos animales. Puede que sea muy difícil hacer lo que Dios nos pide; no obstante, siempre sucederá cosas buenas en nuestra vida si obedecemos.

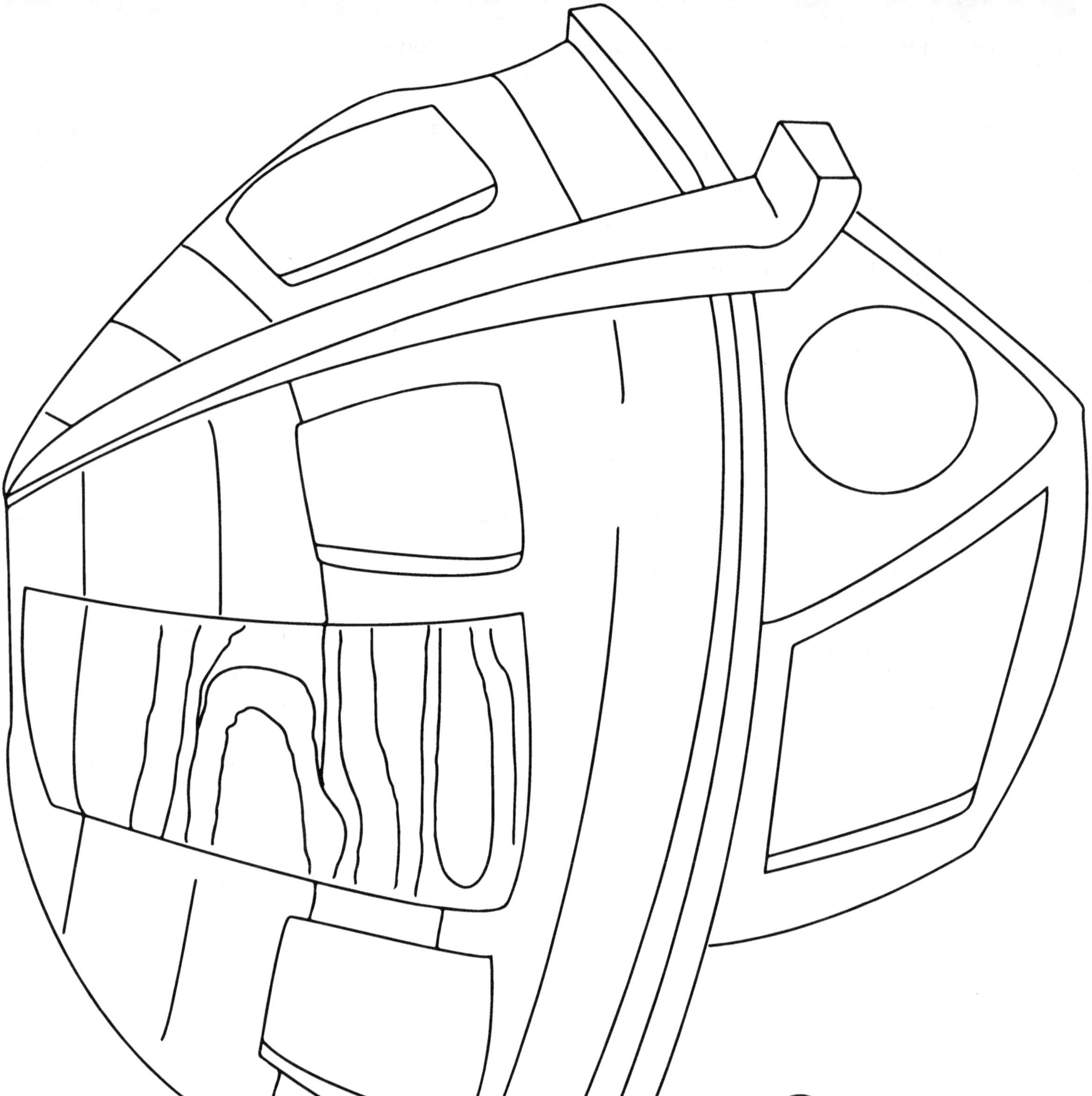

MANUALIDAD
EDAD 4-6

MATERIALES
- Crayones
- Tijeras
- Lana
- Cartón, cartulina o goma eva
- Pegamento
- Palitos de chupete

1. A cada niño, entregue cartón, cartulina o goma eva de 15 cm. de largo por 7 cm. de ancho, y los palitos de chupete.

2. Indíqueles y ayúdeles a pegar los palitos de chupete (puede llevar los palillos pintados de diferentes colores) de arriba hacia abajo como se muestra en la imagen, dejando al final un espacio para pegar el texto bíblico. Calcule que sea un poquito más largo que Noé.

3. Después, abra usted un agujero en la parte superior (puede llevar el papel ya listo con el agujero hecho) y ate un pedazo de hilo de lana, como indica el modelo terminado. Si desea, puede agregarle un pompón en la parte de arriba. Le sugerimos llevar los pompones ya hechos.

4. Luego, entregue la hoja de trabajo a cada niño y pida que la coloreen.

5. Cuando hayan terminado lo anterior indíqueles que corten y peguen la figura de Noé arriba de los palitos de chupete. El texto bíblico irá en el espacio que queda.

6. Por último, dígales a los niños que decoren sus separadores a su gusto con brillantina o calcomanías, o cualquier material extra que deseen llevar.

▶ Muestra final

"Pero Noé halló gracia ante los ojos de Jehová."

Génesis 6:8

"Pero Noé halló gracia ante los ojos de Jehová."

Génesis 6:8

MANUALIDAD
EDAD 7-9

MATERIALES
- Crayones
- Tijeras
- Pegamento
- Cartulina o cartón

1. Entregue a cada niño la hoja de trabajo y crayones. Pídales que la pinten. Para esta manualidad, usted necesitará llevar dibujos de animales. Puede llevar hojas con dibujos de animales sacados de revistas, o bien puede entregarles a los niños una copia de la página 13 y pedir que la coloreen.

2. Cuando hayan terminado de colorear, indíqueles que recorten los dibujos. De ser necesario, ayúdeles.

3. Después, explíqueles a los niños que doblen la hoja por la mitad y corten por la línea punteada.

 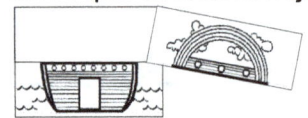 

4. A continuación, ayúdeles a pegar la orilla de la parte de abajo del arca sobre una cartulina. Pegue la parte de arriba completa. Al término, la manualidad quedará como una bolsa y dentro de la cual se colocarán los dibujos de los animales.

5. Cuando haya secado y tenga listo los animales, motive a los niños que cuenten la historia del diluvio. Es una historia muy conocida, así que será divertido contarla con ellos.

▶ Muestra final

MANUALIDAD
EDAD 10 - 12

MATERIALES

- Crayones
- Tijeras
- Cartón
- Pegamento

1. Entregue a cada niño la hoja de trabajo y crayones. Pídales que la pinten.

 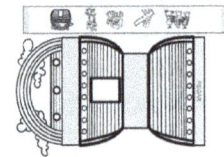

2. Cuando hayan terminado, entrégueles tijeras e indíqueles que recorten los dibujos. También explíqueles que deberán recortar por la línea punteada de la puerta del arca. Ayúdeles si es necesario.

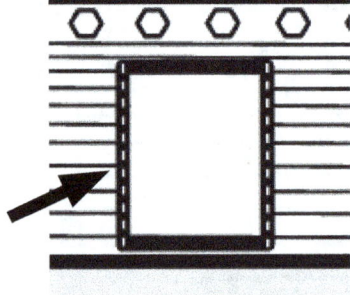

3. A continuación, doble usted las pestañas y pegue las pestañas de atrás. Después, adhiera la base al cartón.

4. Para finalizar, introduzca los dibujos en la puerta del arca. Pida a los niños que se pongan en parejas y se cuenten la historia.

▶ Muestra final

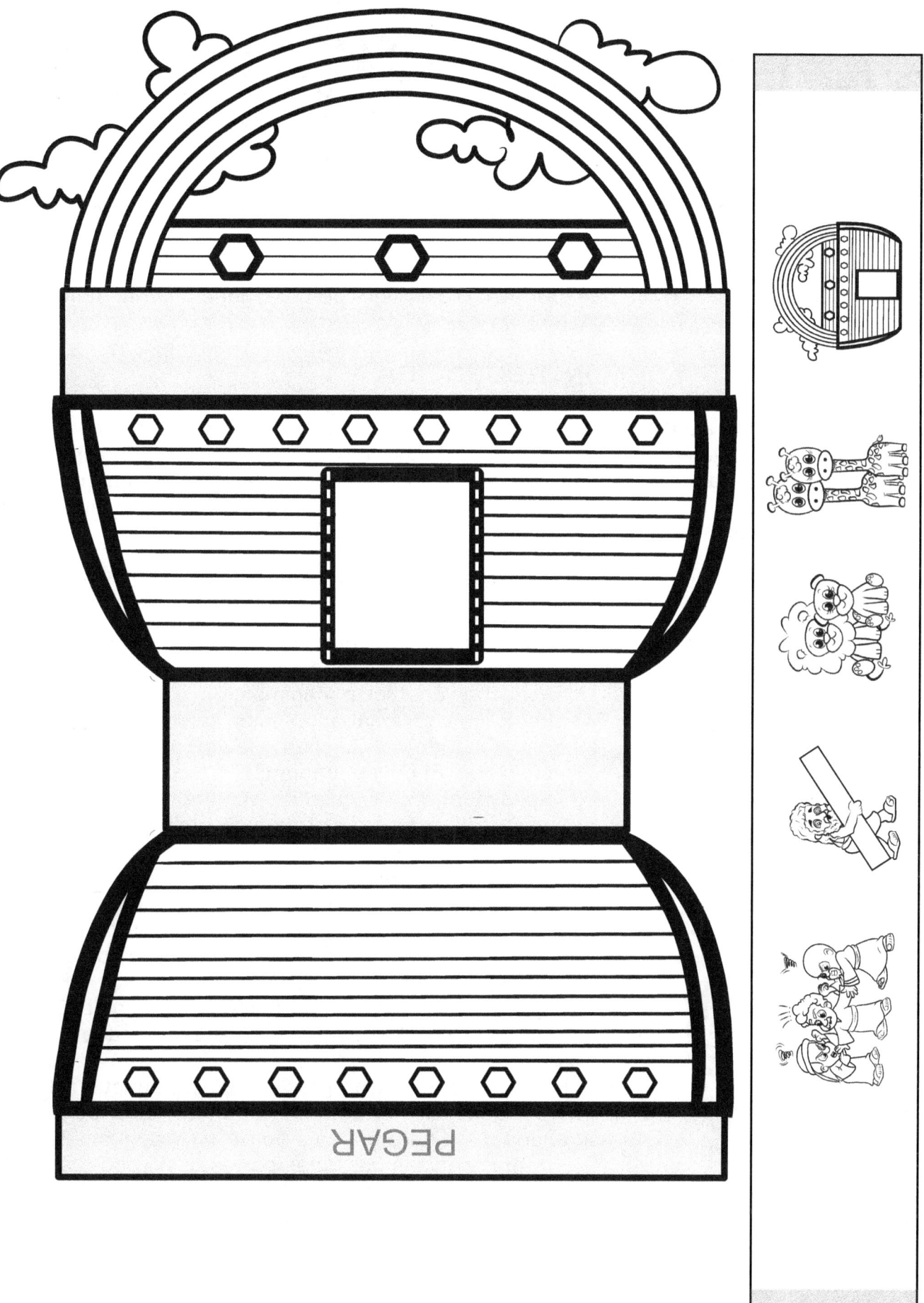

MOISÉS
ÉXODO 3

PROPÓSITO

Mostrar a Moisés como un hombre que, por medio del poder de Dios, llegó a ser un héroe cuya historia se encuentra en la Biblia para ejemplo nuestro hoy.

INTRODUCCIÓN

En este momento, puede pedirles a los niños que se junten en parejas. Le sugerimos que nombre a uno de los dos integrantes de cada pareja como encargado de una misión. Esa misión puede ser que ese día ellos sirvan una pequeña merienda a otra pareja, o le lleven alguna nota o correspondencia al pastor, a algún líder, o cualquiera otra misión que usted crea conveniente que puedan realizar. No olvide que la misión la deben realizar en parejas.

LECCIÓN

Era una hermosa tarde de clima fresco. El tío de Rizos comentó que viajaría a Perú para conocer la selva peruana. Rizos sonrió y preguntó: "¿Cómo es la selva?" Su tío le respondió: "¡Ah, es muy linda! Tiene mucha vegetación y animales".

Mientras ellos conversaban, alguien llamó a la puerta. Afuera estaban Memo y Chispita que venían a buscarlos muy asustados. El tío les preguntó: " Chicos, ¿qué pasa?.
—¡Hay fuego en la casa de Martita, la vecina; y no hay nadie allí! —dijeron alarmados los niños.

Todos corrieron a ver lo que estaba pasando. Los bomberos estaban llegando, pero parecía que el fuego era imposible de apagar. En ese momento, uno de los bomberos entró y rescató a un cachorrito que se había metido en su casita, cerca del fuego. Cuando salió el bombero con el perrito, todos aplaudieron y una niña gritó: "¡Es un héroe!"

Al final, se logró controlar el fuego a tiempo y, gracias a Dios, los daños fueron menores. Sólo se quemó la cerca de madera que rodeaba la casa.

Chispita, Rizos y Memo dieron gracias a Dios, aunque no salían del asombro. Luego, al llegar Martita y su familia, ellos les ofrecieron su ayuda. La niña empezó a llorar muy angustiada por el susto, al ver tantas cenizas por todas partes; y sin poder entender lo que había pasado.

Después de regreso a casa, Rizos aún no salía del asombro e iba narrando lo sucedido.

Memo lo interrumpió diciendo: "Chicos, qué grande habrá sido el asombro de Moisés cuando vio la zarza que ardía con un fuego que no se consumía".

TEXTO BÍBLICO

Para los pequeños: Éxodo 3:12a
Para los grandes: Éxodo 3:12

—¡Ay, Memo! Es que ese fuego era extraño, mejor dicho, extraordinario. Era la presencia de Dios —contestó Chispita.

—¡Claro! —dijo Memo—. Entiendo que Dios quería conversar con Moisés y llamar su atención.

—Sí —dijo Rizos riendo—. Así como lo hicieron hoy ustedes conmigo, mientras yo estaba con mi tío (todos comenzaron a reír).

—¡Sí!, pero en el caso de Moisés, Dios quería usarlo para que librara al pueblo Israel de la esclavitud y se convirtiera en un héroe; al igual que el bombero que salvó la casa y el cachorro de Martita.

—¡Verdad! —dijeron los chicos—. Moisés fue un héroe, porque Dios estaba con él. Éxodo 3:12 dice que Dios le dijo: "Ve, porque yo estaré contigo…". Entonces, si Dios está con nosotros, podremos lograr todas las cosas que Él nos pida.

SUGERENCIA

Relate la historia de Memo, Rizos y Chispita (sea que la dramatice, la presente con títeres o se la narre a los niños), luego refuerce el relato bíblico. Con los niños de ocho años en adelante, si ya tienen conocimiento de la historia, en lugar de contarla les puede fabricar un cuestionario sencillo que ellos deberán contestar en grupo de dos o más integrantes o en forma individual, ayudados por su Biblia. Cuando finalicen, lo deberán compartir con sus otros compañeros.

Con los más pequeños, usted puede utilizar las ayudas visuales de la siguiente página.

APLICACIÓN

Al igual que Moisés tuvo miedo de acercarse a la zarza, el bombero también tuvo miedo de ir a la casa que se estaba incendiando y salvar al cachorro. Pero ambos (Moisés y el bombero) tomaron valor e hicieron lo que debían hacer.

De esta manera, Moisés, al tomar valor y escuchar a Dios y obedecerlo, se convirtió en el héroe que más adelante sacó a Israel de la esclavitud.

Hoy, quizá, no vemos una zarza ardiendo; pero Dios nos habla por medio de la Biblia, las clases Escuela Dominical, los sermones, los cantos, nuestros amigos, padres y maestros. Él nos llama para hacer su voluntad. Y… ¿cuál es su voluntad? Que seamos buenos hijos, que respetemos las cosas ajenas, que siempre digamos la verdad, que no digamos malas palabras, que ayudemos a otros a que se acerquen a Jesús.

Y realizando estas acciones, estaremos haciendo lo que Dios desea para nuestras vidas. Entonces, Él nos dará la fuerza y la valentía para lograr esas cosas que parecen imposibles.

AYUDAS VISUALES

MANUALIDAD
EDAD 4-6

- Crayones
- Témperas de color rojo, naranja y amarillo
- Marcador negro
- Pinceles
- Papel de seda café
- Pegamento

1. Entregue a cada niño la hoja de trabajo y crayones. Indíqueles que la pinten.

2. Después, con el marcador negro, repase una mano de los niños en su respectiva hoja de trabajo. Eso será el tronco de la zarza. Le sugerimos que mientras algunos niños pintan sus hojas, usted puede ir haciendo las manos.

3. Cuando ya hayan terminado de pintar y usted tenga todas las hojas con las manitos dibujadas, entregueles a todos los niños un pedazo de papel de seda café y pegamento. Pídales hagan bolitas, o que rasgen el papel en trocitos, y lo peguen dentro de la silueta de sus manos que tienen en su hoja de trabajo.

4. Después de terminar el paso anterior, entregue las témperas de color rojo, naranja y amarillo a los niños. Explíqueles que pinten con la punta de los dedos las hojas de la zarza ardiente.

▶ Muestra final

Nombre: _ _ _ _ _ _ _ _ _ _

"Ve, porque yo estaré contigo..." Éxodo 3:12a

MANUALIDAD
EDAD 7-9

MATERIALES
- Crayones
- Tijeras
- Papeles de seda rojo, naranja y amarillo
- Rollos de papel de baño
- Pegamento o silicona líquida, y cartón

1. Entregue a cada niño siete rollos de papel de baño, pegamento y cartón. Explíqueles que ellos deben pegar seis de los rollos juntos sobre el cartón, como se muestra en la imagen, simulando que son las raíces de la zarza ardiente. Para este paso, le sugerimos el uso de silicona líquida, dado que quizá pegue mejor y mucho más rápido que otros pegamentos.

2. Luego, indíqueles que con el papel de seda hagan las llamas de la zarza ardiente. Entregue a cada niño papeles de seda, de color rojo, naranja y amarillo. Enséñeles cómo deben colocarlo en medio de los rollos de papel y pegarlo tal como se muestra en la imagen.

3. A continuación, entregue la hoja de trabajo, crayones y tijeras a los niños; y pídales que pinten y recorten los dibujos.

4. Luego, indíqueles que con el rollo de papel que sobró, lo utilizaremos para pegarlo tal y como se muestra en la imagen.

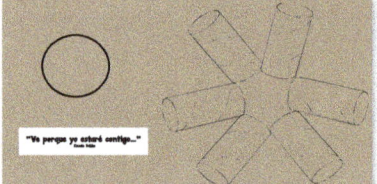

5. Finalmente, dígales que pegaremos el dibujo de Moisés en el rollo de papel, y el texto al cartón.

▶ Muestra final

"Ve, porque yo estaré contigo..."
Éxodo 3:12a

- Tijeras
- Papel celofan de color amarillo o naranja
- Frasco de vidrio
- Vela
- Pegamento
- Crayones y cinta adhesiva

1. Entregue a cada niño la hoja de trabajo y el frasco de vidrio. Pídales que midan el papel de acuerdo con el tamaño del frasco. Y dependiendo del frasco, deberán de cortar la hoja.

2. Cuando ya hayan cortado, entrégueles a todos los niños crayones de color negro y naranja e indíqueles que pinten el dibujo. Haga la aclaración que deben dejar un espacio sin pintar para poder pegarlo despues. Quedara asi

   ← SIN PINTAR

3. Después, dígales que corten sobre la línea punteada. Hágales notar que debe quedar un agujero al centro, luego de lo cual deberán pegar la parte de abajo con cinta.

4. A continuación, muéstreles cómo deben de colocar el papel alrededor del frasco y pegarlo en el espacio sin pintar.

5. Luego, coloque la vela dentro del frasco y pídales que la peguen, al frasco para mayor seguridad. Aquí le sugerimos que usted pueda llevar esta parte ya hecha.

6. Finalmente, ayude a los niños a encender sus velas. Al final, debe quedar tal como se muestra en la imagen.

▶ Muestra final

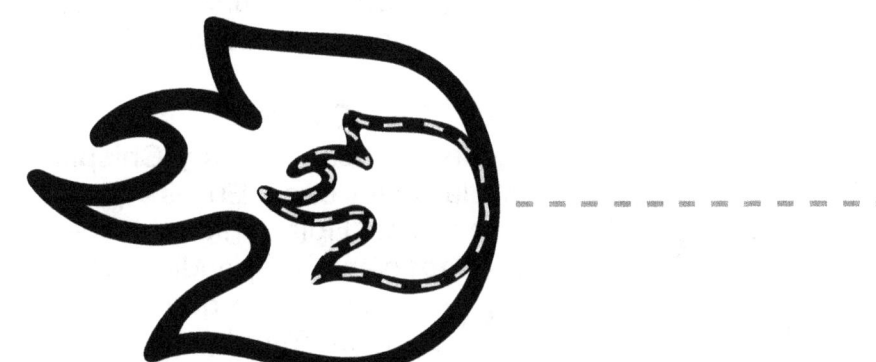

Daniel 6

PROPÓSITO

Mostrar a Daniel como un hombre que supo poner a Dios en primer lugar, aun cuando estuvo a punto de perder su vida.

INTRODUCCIÓN

Haga grupos de tres alumnos. Dentro de cada uno de los grupos, dé un cargo a cada uno de los integrantes. Así, pues uno será rey y los otros dos serán servidores del rey. De estos últimos, uno será Daniel, y el otro será el que vigile a Daniel en todo lo que hace. Luego, pida al que tiene el papel de rey que dicte una ley. Por ejemplo, que no se tenga Biblia, no se cante ni que se ore a Dios; sino que sólo se le cante u ore a él. Pero que Daniel se mantenga siempre con su Biblia, cantando y orando a Dios. Después, que el vigilante vaya al rey a decirle todo lo que Daniel hace y que está desobedeciendo su ley. Aquí puede ser el final de la dinámica donde pasen los vigilantes de cada grupo y digan lo que hizo cada Daniel de los diferentes grupos.

LECCIÓN

Era una tarde lluviosa; Rizos y Chispita estaban muy aburridos mirando la lluvia caer. En ese preciso momento, llegó Memo y les dijo: "Hola, chicos. Necesito contarles algo". Chispita impaciente respondió: "¡Sí, cuéntanos!"

— ¿Recuerdan que el sábado pasado mi papá me inscribió en fútbol y me hicieron una prueba?

—Sí —contestaron Chispita y Rizos al mismo tiempo.

—Bueno, resulta que me llamaron y me dijeron que me aceptaban en el equipo —añadió Memo.

—¡Qué bueno! —respondió Chispita.

—Bueno, todo lo que me pidieron lo tengo; pero para inscribirme tengo también que comprometerme a ir todos los domingos en la mañana —respondió Memo.

—¡Uy! —dijeron los chicos—. ¿Y no vas a ir a la iglesia?

— No podré ir más, por eso venía a hablar con ustedes. Tengo que elegir entre la iglesia o el fútbol. Mis papás me dijeron que si es así, tendré que tomar una decisión muy difícil. Ustedes, ¿qué piensan? —dijo Memo.

— Te pasó como la historia de Daniel que nos contaron el domingo. Él tuvo que escoger entre vivir como la ley del imperio de Babilonia decía; o seguir orando, vivir con Dios, y ser arrojado a los leones. Pero Daniel escogió a Dios, y Él lo protegió. De esta manera, el Señor le permitió a Daniel seguir viviendo, pues él escogió servirle primero (Daniel 6:22) —contó Chispita.

— Creo que la historia de Daniel no tiene nada que ver —dijo Rizos.

TEXTO BÍBLICO

"Mi Dios envió su ángel, el cual cerró la boca de los leones, para que no me hiciesen daño..."
Daniel 6:22a

—Quizá no —dijo Memo—; porque no me arrojarán a los leones. Ja, ja, ja…, pero sí en que estaré dejando ese tiempo especial con Dios donde aprendo de la Biblia. Creo que tendré que decirle a mis papás que no quiero dejar este tiempo especial con Dios, y seguiré buscando otras opciones para jugar.

—Es una decisión difícil, Memo; pero siempre tendremos que escoger qué es lo más importante en nuestras vidas. A Daniel le costó ir al foso de los leones; a ti te costará renunciar a algo que te gusta —dijo Chispita.

—Sí, pero al igual que Dios libró a Daniel y lo convirtió en un héroe que sobrevivió a leones hambrientos, te va ayudar a encontrar dónde practicar el fútbol sin sacrificar tu tiempo en la iglesia —dijo Rizos.

—Sí, amigo. Creo que entiendo lo que me dicen. Lo seguiré pensando, todavía tengo unos días —dijo Memo—. Pero ahora pienso más claro y entiendo que Dios está por sobre todas las cosas, y al igual que Daniel, tomaré la mejor decisión. Gracias; nos vemos más tarde. Me tengo que ir.

Pregunte a los niños: ¿Si estuvieras en esa situación u otra parecida qué harías?

Finalmente, Memo tomó la decisión correcta y decidió no ir a jugar fútbol los domingos. A los dos meses, lo invitaron a jugar en un grupo que jugaban jueves y sábados y no interrumpía su tiempo con Dios los domingos.

SUGERENCIA

Una vez que finalice la historia de Memo, Rizos y Chispita (sea que la dramatice, la presente con títeres o se la narre a los niños), tome un tiempo para reforzar el relato bíblico. Si los niños de ocho años en adelante conocen bien la historia bíblica, en lugar de contársela usted, forme un grupo y apártelos cinco minutos para que se preparen y la representen mientras les va explicando al resto de los niños de lo que se trata. Después de los cinco minutos, los que se prepararon pueden representarla frente a la clase.

Con los más pequeños, puede utilizar las ayudas visuales de la siguiente página.

APLICACIÓN

¿Qué le sucedió a Daniel? ¿Qué pasó con Memo? ¿Se han encontrado en una situación en la que su forma de ser, sus palabras o sus actividades deben de cambiar para darle el gusto a otra persona? Y ¿cuál es la consecuencia de cambiar nuestras convicciones para agradar a otros? Cuando Daniel puso a Dios en primer lugar en su vida, todo parecía salir mal. Esto fue así dado que por no dejar de orar a Dios le dijeron que tenía que morir, que lo iban a meter a un pozo donde había muchos leones hambrientos y que se lo comerían. Eso era una muy mala noticia ciertamente. Pero Daniel no cambió su decisión y, a pesar de que quizá tuvo miedo, decidió seguir dando su tiempo a Dios. Y el Señor al ver esto, ¡ordenó que los leones no se lo comieran! Dios hizo parecer a Daniel como un héroe que sobrevivió a los leones hambrientos. Así como Memo puso a Dios antes que al deporte, y fue recompensado; pues consiguió otro lugar y un horario diferente para entrenar fútbol; tú también puedes pasar por decisiones difíciles. Pero ten por seguro que si pones primero a Dios, Él hará que todo salga bien.

AYUDAS VISUALES

33

- Crayones
- Tijeras
- Papel de seda
- Pegamento

1. Entrégueles a los niños la hoja de trabajo y crayones, y pídales que pinten.

 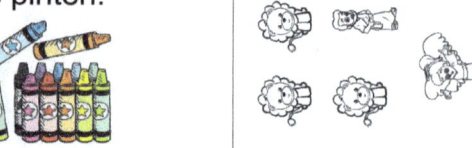

2. Cuando hayan terminado, ayúdeles a recortar los dibujos.

3. Luego, entréguele a cada niño cinco tiras de papel de seda de colores. Le sugerimos que usted las lleve ya cortadas.

4. Luego, mídales el dedo anular y pégueles cinta de modo que parezca un anillo

5. Cuando ya tenga los tamaños, ayúdeles a pegar los dibujos (los leones, el ángel y Daniel). Debe tener presente que debe ser un dibujo en cada tirita de papel.

6. Al final, le quedara así. Si queda tiempo, puede pedir a los niños que se cuenten la historia.

▶ Muestra final

- Crayones
- Tijeras
- Lana de color naranja y amarilla
- Pegamento
- Bolsas de papel

1. Entregue la hoja de trabajo, crayones y tijeras a cada niño. Pídales que pinten y luego que recorten los dibujos. Dígales que no pinten la melena, ya que se pegará antes la lana en ella y si se la pinta antes, se hará un poco difícil pegar la lana después.

2. Cuando hayan terminado, entrégueles bolsas de papel e indíqueles que peguen los dibujos a la bolsa como se muestra en la imagen final.

3. Luego de lo anterior, dígales que deben esperar que seque el pegamento. Después, entrégueles lana de color anaranjado y amarillo para que la corten en pedazos pequeños. Finalmente, deben pegar esas tiras de lana en la melena del león.

▶ Muestra final

Mi Dios envió su ángel, el cual cerró la boca de los leones, para que no me hiciesen daño.
Daniel 6:22a

MANUALIDAD
EDAD 10 - 12

MATERIALES
- Crayones o marcadores
- Tijeras
- Cartón
- Pegamento
- Rollo de papel de baño o papel higiénico

1. Entregue a cada niño la hoja de trabajo y crayones o marcadores. Pídales que pinten las imágenes.

 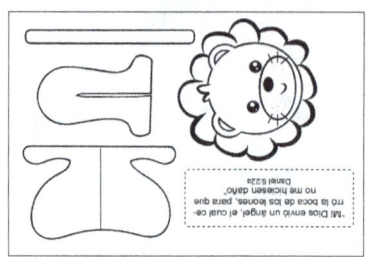

2. Cuando hayan terminado, entrégueles tijeras e indíqueles que recorten todos los dibujos.

3. A continuación, entregue el tubo o rollo de papel de baño y el cartón. Explíqueles indíqueles que deben pegar el tubo y el versículo bíblico en el cartón tal como se observa en la imagen.

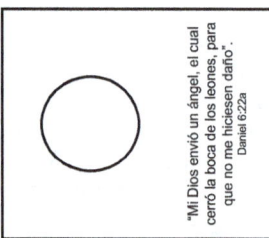 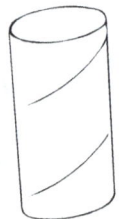

4. Luego, dígales que peguen los dibujos como se muestra a continuación.

5. Por último, indíqueles que doblen la cola y la peguen.

▶ Muestra final

JONÁS
LIBRO DE JONÁS

PROPÓSITO

Mostrar a Jonás como un hombre que supo reconocer su error, pedir perdón y seguir adelante para ver la obra de Dios.

INTRODUCCIÓN

Antes de iniciar la clase, lleve papelitos con versículos de la Biblia escritos que sean promesas de Dios para nuestras vidas. Dele un papelito a cada niño y niña, e indíqueles que cada uno se lo lea al de su par. De este modo, se estará haciendo las veces de profetas.

LECCIÓN

Chispita estaba sola en su casa, triste y aburrida; porque los padres de Memo no lo dejaban salir a jugar a él dado que les había desobedecido, al no hacer la tarea de la escuela.

En ese momento, el teléfono sonó. Era y era Rizos muy alegre, quien la llamaba para contarle sobre el regreso de su tío de su paseo por el Perú, y la invitaba a ver el video que su tío había traído del viaje. Chispita, después de pedir permiso a su abuela, fue a casa de Rizos quien la recibió muy contento y le preguntó por qué Memo no venía con ella.

La mamá de Rizos les estaba esperando con una exquisita mermelada y pan; pero la señora, al verla sola a Chispita, también le preguntó por Memo (ya que siempre estaban juntos). Con mucha tristeza, Chispita respondió: " Memo está castigado, porque desobedeció a sus padres y no hizo la tarea de la escuela".

TEXTO BÍBLICO

"y dijo: Invoqué en mi angustia a Jehová, y él me oyó"
Jonás 2:2a

Luego, ante el llamado del tío de Rizos, fueron a sentarse en la sala para ver el video que su tío había filmado. Observaron el río Amazonas, lanchas y personas que pescaban variedad de peces. Lo que más les llamó la atención fue un enorme pez. Chispita, expresiva como siempre, con asombro dijo:"¡Eso es una ballena!"

El tío de Rizos respondió: "No, Chispita. Las ballenas viven en los mares; el pez que vez allí es un zúngaro. Ese pez ciertamente es muy grande, pero las ballenas son más grandes aun".

—Sí —respondió Rizos—. Recuerda que fue un pez enorme, parecido a una ballena, el que se comió a Jonás. Y para comerse a una persona, debió ser enorme.

—Sí. Ahora recuerdo —contestó Chispita— que eso sucedió; porque Jonás fue desobediente y no quiso hacer lo que Dios le pedía.

—¿Igual que Memo desobedeció a sus padres? —preguntó Rizos.

—Por suerte que no hay peces enormes como las ballenas cerca de Memo —dijo la mamá de Rizos, mientras les servía la mermelada, y se reía.

El tío de Rizos dijo: "Lo más curioso fue que para sacarle fotos a ese pez grande tuvimos que pasar muchas dificultades. De hecho casi se hunde el barco en el Amazonas, e incluso llegó un momento en que casi pierdo mi también; porque el pez empezó a mover la lancha y casi la voltea".

— Y… ¿qué pasó? —preguntó Chispita, impaciente.

— Algunos comenzamos a orar pidiéndole a Dios que nos guarde y calme al pez; porque el animal, al sentirse atrapado, no dejaba de saltar y eso hacía que la lancha se moviera mucho. Dios contestó nuestra oración, y el pez se calmó y se fue. Si Dios no nos hubiera ayudado, hubiésemos naufragado y no estaría aquí para contarles la aventura de mi viaje —dijo el tío de Rizos.

—¡Uy! —dijo Rizos—. ¡Qué experiencia! Ese pez era definitivamente muy grande.

— Pero no como el enorme pez que se comió a Jonás seguramente —contestó Chispita—. Sin embargo, al igual que Jonás, clamaron a Dios, y Él respondió y calmó al pez.

—Sí, y a Jonás el pez enorme lo vomitó —dijo Rizos.

—¡Uf! —exclamó Chispita—. Pero después de eso, Jonás predicó a las personas malas de Nínive y ellos se arrepintieron. De esa manera, Dios no los destruyó.

— ¡Qué interesante historia! —dijo el tío de Rizos.

—Sí, tío. —dijo Rizos—. Jonás fue un héroe para los de Nínive; porque él les llevó el mensaje de arrepentimiento y ellos se salvaron de ser destruidos.

—Sí —dijo Chispita—. Debo hablar con Memo para que ore y pida perdón a Dios y a sus papás. Así ellos lo liberarán del castigo. (todos comenzaron a reír, y luego Chispita se fue a su casa).

SUGERENCIA

Al terminar la historia de Memo, Rizos y Chispita (sea que la dramaticen, la presente con títeres o la cuente a los niños), refuerce el relato bíblico. Si los niños de ocho años en adelante conocen bien la historia, en lugar de contarla, usted puede nombrar un niño para que comience a narrarla. Luego, lo va interrumpiendo y hace que otro niño continúe otro hasta terminar la historia. Con los más pequeños, puede utilizar las ayudas visuales de la siguiente página.

APLICACIÓN

¿Cómo podemos comparar esta historia con el tiempo presente? ¿Qué aprendemos de esta historia? ¿Qué hizo Jonás cuando se dio cuenta de su error? ¿Nosotros podemos hacer lo mismo? ¿Qué enseña el versículo que tenemos para hoy: Jonás 2:2a?

Así como Memo tenía que orar y pedir perdón a Dios y a sus papás para ser libre del castigo, de igual manera, cuando actuamos mal o no hacemos lo que a Dios le agrada, debemos pedirle perdón. Entonces, el Señor nos perdonará y nos dará una segunda oportunidad, porque cuando Él está con nosotros, podemos lograr todo lo que Él nos pida.

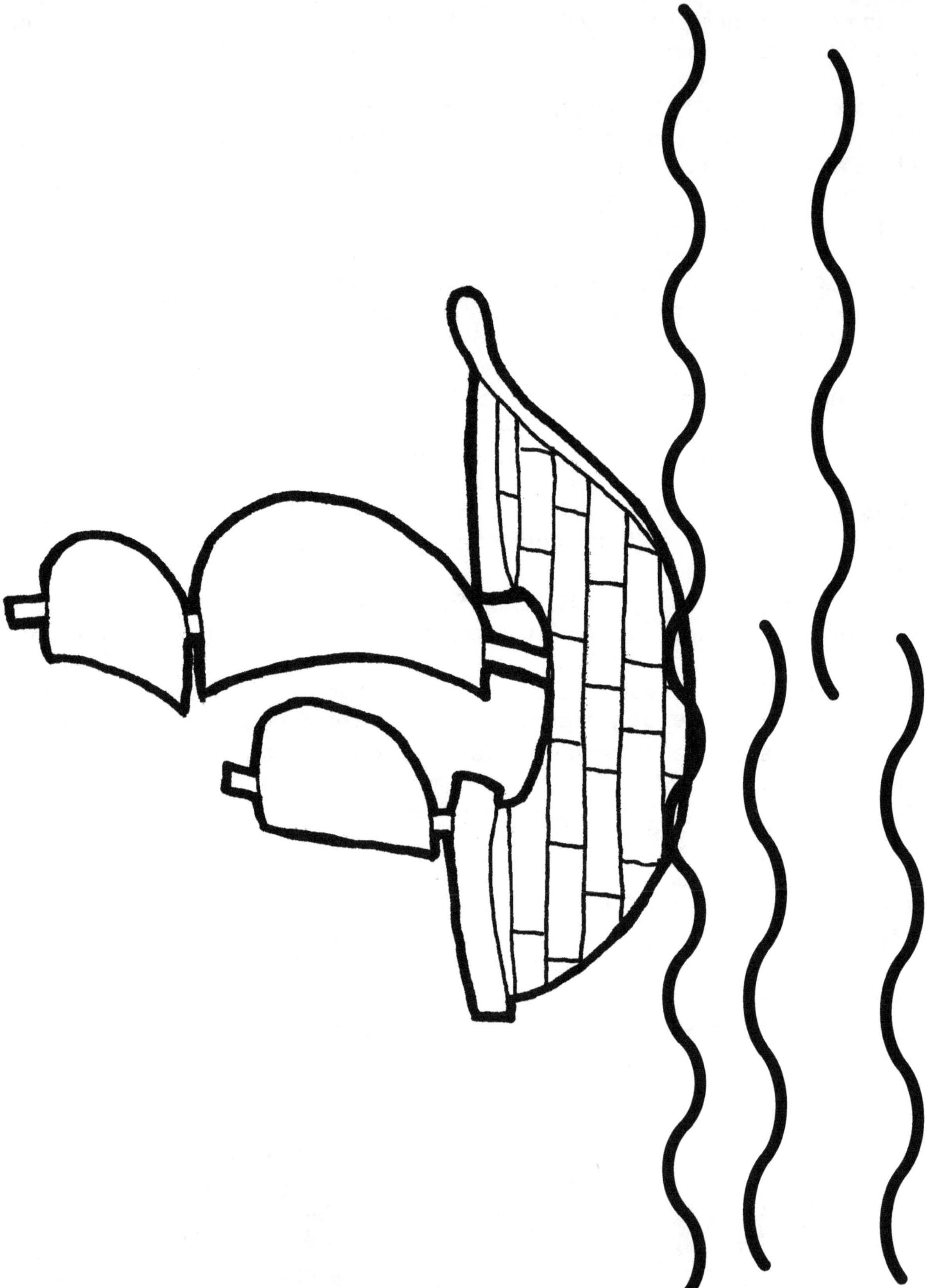

AYUDAS VISUALES

43

MANUALIDAD
EDAD 4-6

MATERIALES

- Crayones
- Tijeras
- Papel de seda azul
- Pegamento
- Palitos de madera
- Vaso de duroport

1. Entregue a cada niño la hoja de trabajo y crayones. Pídales que pinten los dibujos.

2. Luego, entregue las tijeras a los niños, e indíqueles que recorten. Ayúdeles (de ser necesario), a cortar las figuras.

3. Después, reparta los vasos de duroport y pegamento. Explíqueles a los niños que peguen el dibujo del agua alrededor del vaso.

4. Luego, entregue los palitos de madera (tres palitos por niño), y pídales que peguen el barco, el pez grande y a Jonás en los palitos.

5. Mientras se seca el pegamento, deles el papel de seda y explíqueles que lo hagan una bolita. Luego, deberán estirarlo y colocarlo dentro del vaso. Esto simulará el agua.

6. Cuando ya esté seco, muéstreles que deben colocar las paletas con los dibujitos ya pegados dentro del vaso. Si todavía queda tiempo, póngalos en parejas para que se cuenten la historia utilizando sus títeres de palitos.

▶ Muestra final

MANUALIDAD
EDAD 7-9

MATERIALES

- Crayones
- Tijeras
- Caja de cereal
- Palitos de madera
- Pegamento
- Papel azul

1. Entregue a cada niño la hoja de trabajo y crayones. Indíqueles que pinten los dibujos.

2. Luego, pídales que recorten las imágenes y las peguen en los palitos de madera, tal como se muestra a continuación.

3. Después, entrégueles papel de color azul y explíqueles que dibujen las olas y/o el agua, y que luego las recorten.

4. Cuando hayan terminado, entrégueles la caja de cereal ya cortada y forrada (en la página pág. 48 encontrará cómo tener preparada la caja para la manualidad). Después, pídales que peguen las olas de papel azul dentro de la caja.

5. Finalmente, haga tres agujeros con los palitos en la parte superior de la caja. Esto servirá para movilizar los títeres dentro de la caja

▶ Muestra final

MANUALIDAD
EDAD 10-12

MATERIALES

- Crayones
- Tijeras
- Cartón
- Pegamento

1. Entregue la hoja de trabajo y crayones a los niños, y pídales que la pinten.

2. Cuando hayan terminado lo anterior, entrégueles tijeras e indíqueles que recorten los dibujos.

3. Después, explíqueles que tienen que doblar cada dibujo por las líneas punteadas.

4. A continuación, muéstreles cómo deben pegar las pestañas grises para armar la ballena y a Jonás.

5. Cuando hayan terminado de pegar, entrégueles el cartón e indíqueles que peguen la ballena ahí.

6. Ya terminada la manualidad, motívelos a que cuenten la historia de Jonás, y de cómo él es considerado un héroe.

▶ Muestra final

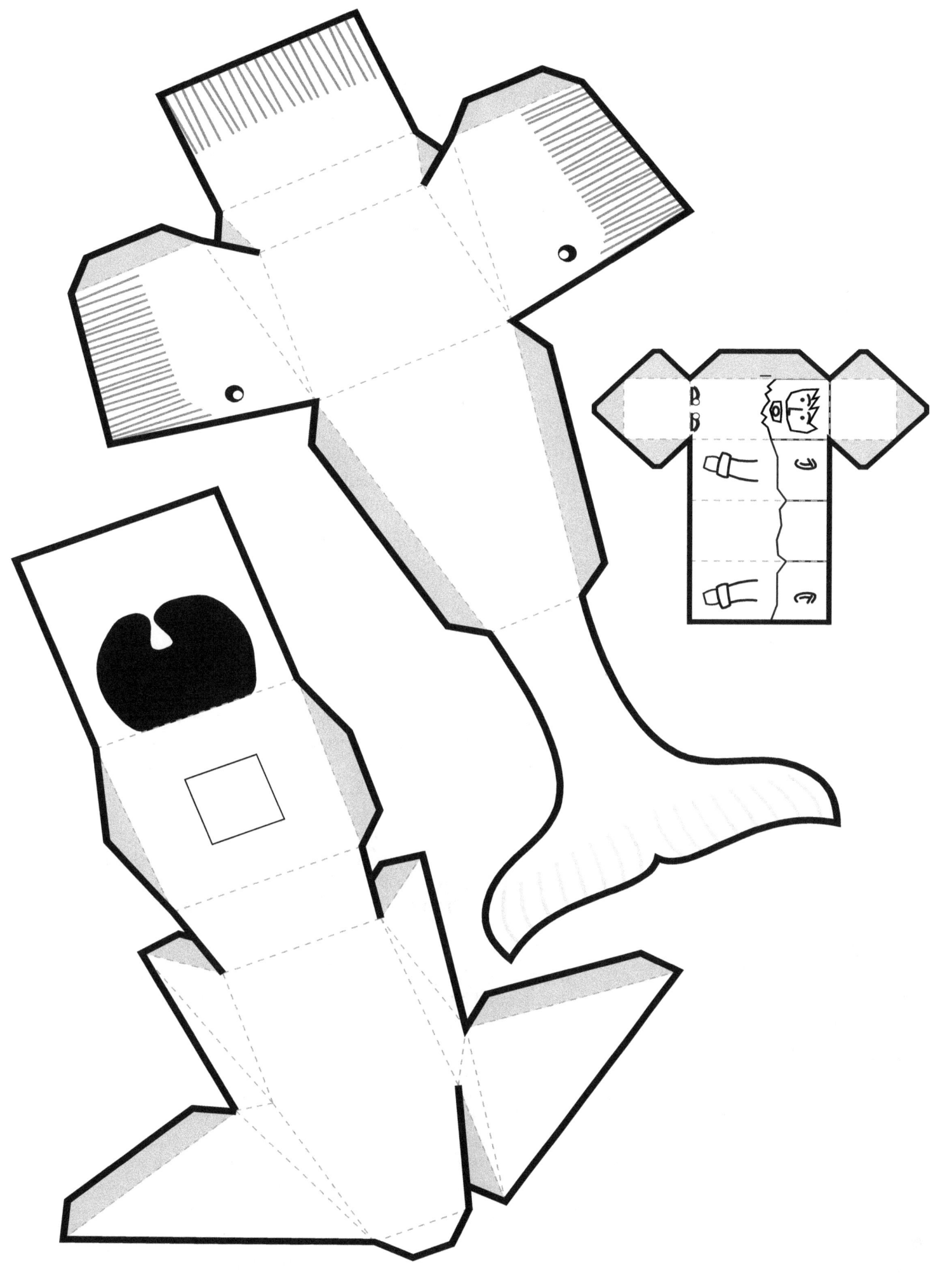

FILIPENSES 2: 5-11

PROPÓSITO

Mostrar a Jesús como el héroe máximo. Dios hecho hombre vivió sin pecado y se entregó por todos nosotros para salvarnos. Por medio de esta lección, enseñaremos al niño el plan de salvación.

INTRODUCCIÓN

Pida a sus alumnos que hagan dos grupos y deles los nombres de los personajes de las cuatro historias que hemos aprendido durante la semana. Explíqueles que cada grupo debe pasar al frente a representar solo con mímicas cada uno de los personajes que les dio, mientras que el otro grupo debe decir de qué personaje trata.

LECCIÓN

Aquella semana fue muy llena en actividades de la escuela, pero por fin llegó el fin de semana. El viernes, los niños hicieron sus tareas para estar libres el sábado y domingo.

TEXTO BÍBLICO

"y toda lengua confiese que Jesucristo es el Señor"
Filipenses 2:11a

El sábado jugaron todo el día; y el domingo, en la mañana, se levantaron temprano para ir a la iglesia. Al llegar, la maestra los recibió y les dijo lo siguiente:

—¿Saben, niños? La Biblia nos relata de héroes que lograron hacer bien las cosas, porque decidieron obedecer a Dios. Y Dios les ayudó en todo y prosperaron en lo que hicieron. Pero hoy vamos a hablar del mayor de los héroes: del gran y real Superhéroe: Jesucristo. La Biblia nos dice que todos nosotros éramos malos y no merecíamos nada de Dios más que el castigo.

(En ese momento, le sugerimos que tome el libro sin palabras en sus manos. Este libro usted lo puede confeccionar en grande siguiendo el modelo de la página 55).

¿Les gustan los libros con dibujos? Mi libro de historias no tiene ni un solo dibujo. Tal vez les gusten los libros de historias que se pueden leer. ¿Les gustan? Bueno, ¡mi libro de historias no tiene ni una sola palabra! Por eso es que se llama "Libro sin palabras".
No tiene ni una sola palabra, pero sus páginas de color nos cuentan una historia muy especial. ¿Les gustaría oírla?

La historia comienza con una...

PÁGINA DORADA O AMARILLA:

Esta página dorada representa el cielo. ¿Saben que Dios nos ama tanto que quiere que todos entremos al cielo para estar bien para siempre?

En Apocalipsis 21:21, nos dice que en el cielo las calles serán de oro y que allí no habrá lágrimas, tristeza, dolor, enfermedades ni nada de eso que no nos gusta.

Sólo Dios pudo crear un lugar tan lindo para nosotros donde podamos estar con Él, sin nada que nos ponga tristes, como las cosas que nos pueden entristecer ahora. ¿Qué cosas les pone tristes a ustedes?... Bueno, ninguna de esas cosas estarán en el cielo.

PÁGINA CON MANCHAS:

Robar es pecado, igual que otras cosas que hacemos. ¿Qué otras cosas son pecado? Permita que los niños y niñas opinen. Bueno, la Biblia dice en Apocalipsis 21:27 que nada malo entrará en el cielo, nada en absoluto.

Dios no permitirá que nada malo arruine el cielo. Entonces, si en nuestro corazón hay cosas malas, estas no nos permitirán entrar al cielo. Esta página blanca con manchas simboliza nuestro corazón, que debido a que hemos hecho algunas cosas malas no puede estar totalmente blanco y, por lo tanto, no podremos entrar al cielo. ¿Cuántos han hecho cosas malas como las que mencionamos? La Biblia, en Romanos 3:23, nos dice que todos hemos hecho cosas malas; por lo tanto, no podremos entrar en el cielo. ¡Pero escuchen algo!

PÁGINA ROJA:

Esta página roja representa a Jesucristo que, como nuestro abogado, vino en nuestra defensa para que podamos ir al cielo. ¡Sí! Cuando Jesús vino y murió en la cruz, hizo un sacrificio muy grande y no sólo eso; sino que después se levantó de la tumba y se fue al cielo con Dios nuevamente. Esto le agradó a Dios e hizo que todo el que le pida perdón, en el nombre de Jesús, pueda entrar al cielo. En verdad que Jesús no necesitaba morir, porque Él es Dios y no tenía nada malo en su vida; pero quiso hacerlo por amor a nosotros. Porque el Señor nos ama y quiere que un día podamos estar con Él (Juan 3:16).

PÁGINA BLANCA:

¿Qué significa pedir perdón? Significa que me siento mal por lo que hice y ya no lo volveré hacer. Entonces, esta hoja blanca significa que si le pedimos perdón a Jesús, Él hace que nuestro corazón ya no tenga manchas y quede limpio por completo (1 Juan 1:9).

Podemos, ahora mismo donde estamos, inclinar nuestras cabezas y pedirle a Dios que nos perdone, que deje nuestros corazones limpios, y de ahora en adelante cuidarnos de no volverlo a manchar. Una vez que le dijimos esto, démosle gracias por esta oportunidad de arreglar nuestra vida delante de Él.

PÁGINA VERDE:

Este libro es especial, porque aun sus tapas tienen significado. ¿Qué les recuerda el verde?... A los árboles y a las plantas. Bueno, un árbol o una planta verde significa que está bien y creciendo. Esta página nos indica que nosotros también debemos seguir creciendo.

¿Cómo lo haremos? Pues, leyendo nuestra Biblia, orando y asistiendo a la iglesia. Así conoceremos qué desea Dios para nosotros y haremos nuevos amigos cristianos. También el verde significa esperanza. ¿Esperanza de qué? Esperanza de que un día vamos a ver a Dios y a estar con Él para siempre.

APLICACIÓN

Leamos Filipenses 2:5-11. ¡Qué bueno es saber que Jesús, a pesar de tener todas las comodidades, decidió venir a sufrir y a morir para que nosotros lleguemos a Dios!
Esta lección es muy importante, porque Jesús es el gran Superhéroe de la Biblia, y aún más que eso. Nos dejó un ejemplo y una gran enseñanza de cómo debemos vivir y además se entregó por nosotros para que por medio de Él podamos llegar a Dios.

Luego de la clase, Memo, Rizos y Chispita confeccionaron sus propios libros sin palabras, y corrieron a compartir con sus amigos lo que Jesús, el gran y real Superhéroe de verdad hizo por todos nosotros.

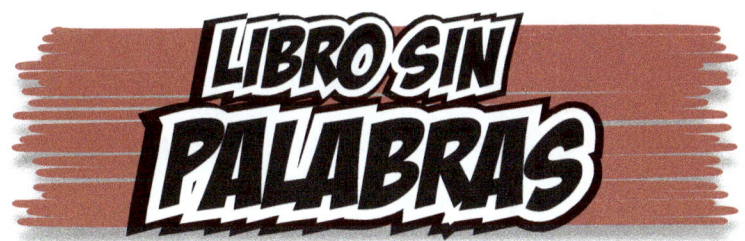

- Tijeras
- Papeles de colores
- Pegamento

Para esta manualidad, necesitará papeles de los siguientes colores: rojo, amarillo, blanco, verde, negro y azul. El azul será el único color que usted puede reemplazar por otro, ya que será el forro. Trate de que todos los papeles sean del mismo tamaño.

1. Inicie doblando el papel por la mitad y, luego péguelo como se muestra a continuación.

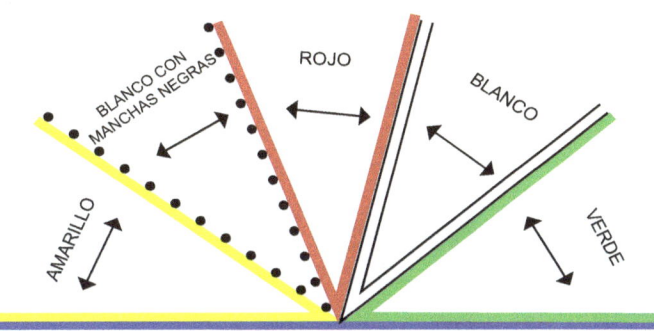

2. Después, puede decorar las páginas con imágenes que estén relacionadas con el significado de cada uno de los colores.

▶ Muestra final

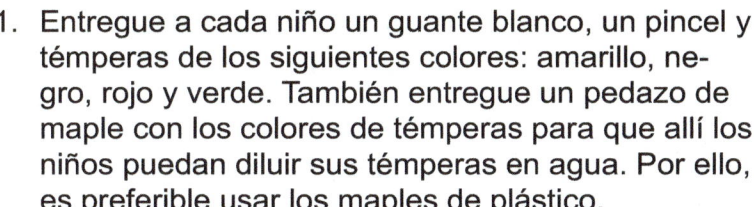

- Guante blanco
- Témperas
- Pincel
- Maple de huevo

1. Entregue a cada niño un guante blanco, un pincel y témperas de los siguientes colores: amarillo, negro, rojo y verde. También entregue un pedazo de maple con los colores de témperas para que allí los niños puedan diluir sus témperas en agua. Por ello, es preferible usar los maples de plástico.

2. Luego, ayúdeles a pintar los dedos de sus guantes, tal y como se muestra en la siguiente imagen:

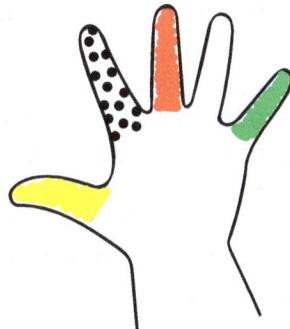

3. Finalmente, explíqueles que es necesario dejar secar el lado de los guantes que fueron pintados inicialmente, y luego dígales que pintarán el otro lado. De ser necesario, ayúdeles.

▶ Muestra final

- Crayones o marcadores
- Tijeras
- Papel de colores
- Pegamento
- Brillantina
- Lana y aguja lanera
- Sacahoyos (perforadora).

1. Entregue a cada niño la hoja de trabajo y crayones o marcadores. Indíqueles que pinten conforme al Libro sin Palabras. Recuerde llevar usted uno terminado.

2. A continuación, con el sacahoyos (perforadora), haga un agujero en la esquina superior izquierda de cada papel de colores. Las medidas de cada uno de esos papeles deben ser las siguientes: 10 cm de alto y 14 cm de ancho. Puede llevar esto ya terminado para adelantar, si así lo desea.

3. Luego de que los niños han terminado de colorear, pídales que recorten las imágenes de las hojas de trabajo.

4. Después, entregue a los niños los papeles de colores rojo, verde, amarillo y dos blancos. Explíqueles que deben pegar los dibujos que acaban de recortar en las hojas de colores.

5. A continuación, indíqueles a los niños que dejen secar sus hojas de colores y luego las decoren con brillantina. Aquí le sugerimos que provea de brillantina de colores muy parecidos a cada papel que ha entregado a los niños.

6. Finalmente, deles un pedazo de lana para que inserten cosa todas las páginas juntas. Recuerde que usted debe enseñarles a hacer un nudo al final para asegurar la unión de las hojas de modo que ninguna se salga. Sólo, trate de no dejarlo muy apretado para que sea fácil girar la página.

7. Si da tiempo, pídales a todos los niños que se sienten formando un círculo y pida a cada uno que explique su "Libro Sin Palabras".

▶ Muestra final

MANUALIDAD
EDAD 10-12

MATERIALES

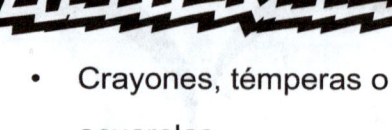

- Crayones, témperas o acuarelas
- Tijeras
- Pegamento
- Brillantina o pegamento con brillantina

1. Entregue a cada niño la hoja de trabajo, un pincel y acuarelas. Pídales que pinten el cubo con los colores del Libro sin Palabras. Cada niño puede usar crayones o témperas según su preferencia.

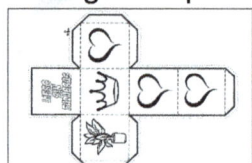 

2. Cuando hayan terminado, indíqueles que usen brillantina para decorar los dibujos. Luego, entrégueles tijeras para que recorten sus dibujos.

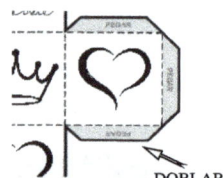

3. Cuando hayan terminado lo anterior, indíqueles que doblen las pestañas sobre las líneas punteadas para darle forma a sus cubos.

4. Después de que hayan doblado el dibujo, pídales que apliquen pegamento en las pestañas y que peguen. Sugiérales que se mantengan unos segundos presionando para evitar que se desdoblen las pestañas.

5. Cuando hayan terminado lo anterior, dígales a los niños que dejen secar sus cubos.

6. Finalmente, y si da tiempo, haga grupos y que uno a uno vaya explicando lo que es el cubo sin palabras

▶ Muestra final

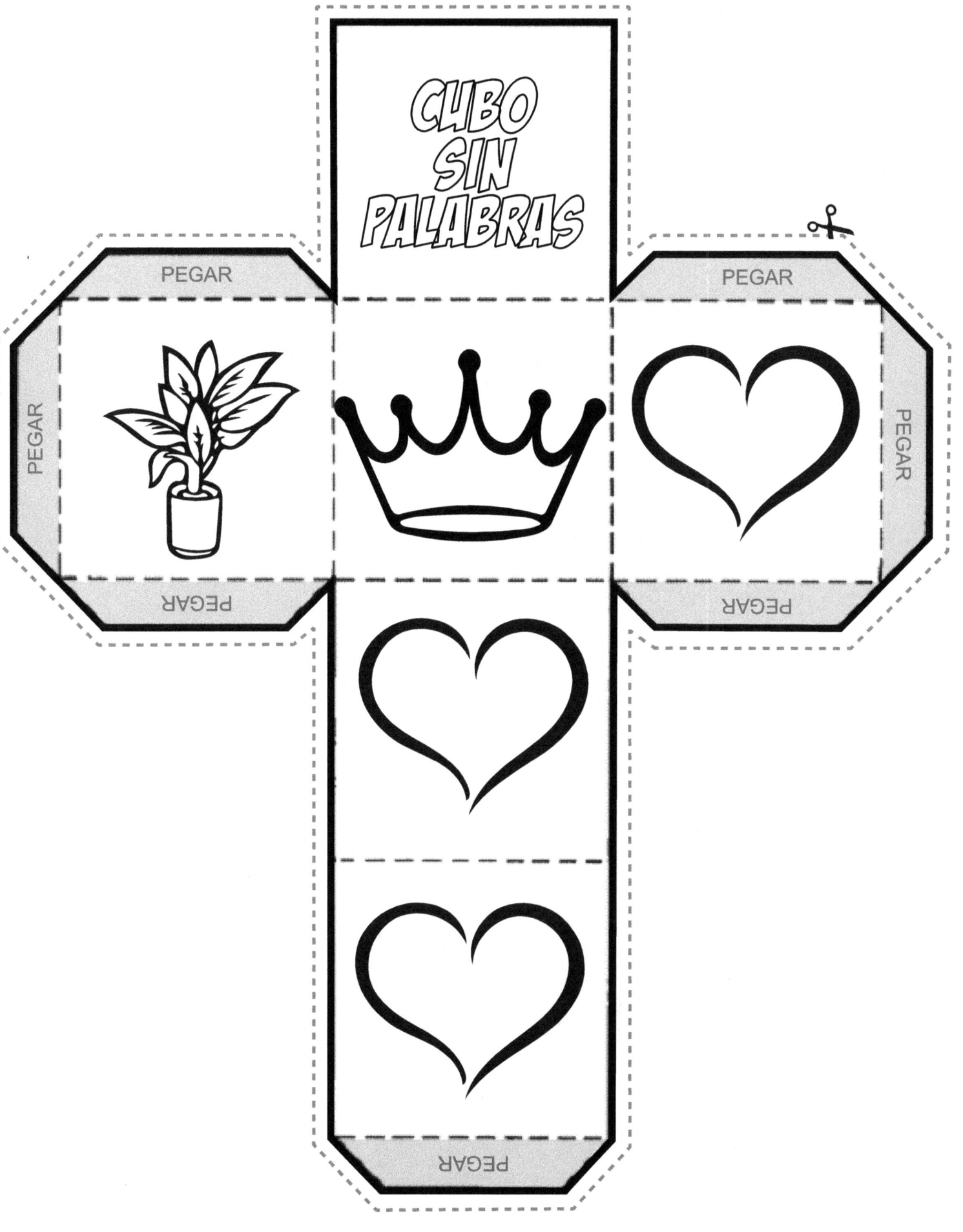

ESCUELA BÍBLICA DE VACACIONES
HÉROES DE LA BIBLIA

Le entrega este certificado a

_____
Nombre y apellido

Con gratitud y reconocimiento por su fiel colaboración y eficiente tarea en el programa de Escuela Bíblica Vacacional.

_____ _____
Pastor/a   **Director/a**

_____ _____
Lugar   **Fecha**

Le entrega este certificado a

Nombre y apellido

Con gratitud y reconocimiento por su fiel colaboración y eficiente tarea en el programa de Escuela Bíblica Vacacional.

Pastor/a   **Director/a**

Lugar   **Fecha**

Escuela Bíblica de Vacaciones
Héroes de la Biblia

Este diploma es para:

_____

Por su fiel y súper asistencia a
**La Escuela Bíblica de Vacaciones
Héroes de la Biblia**

_____ _____
Pastor (a)   Director(a) EBV

_____
Fecha

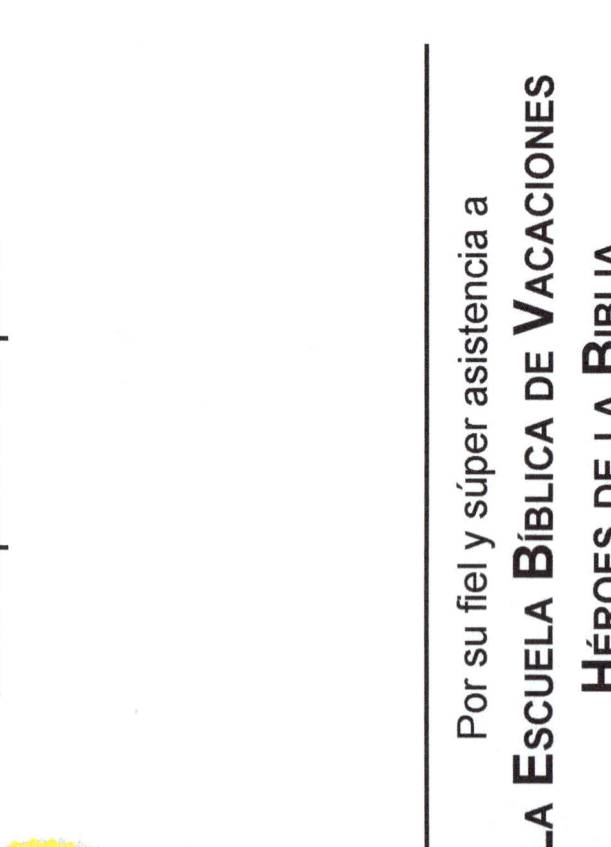

Escuela Bíblica de Vacaciones

Héroes de la Biblia

Este diploma es para:

Por su fiel y súper asistencia a
**La Escuela Bíblica de Vacaciones
Héroes de la Biblia**

_____
Director(a) EBV

_____
Pastor (a)   Fecha

La Iglesia del Nazareno

les invita a formar parte de la clausura de la

Estaremos entregando los trabajos manuales y también habrá actividades para toda la familia.

Hora: _____
Fecha: _____
Lugar: _____

La Iglesia del Nazareno

les invita a formar parte de la clausura de la

Estaremos entregando los trabajos manuales y también habrá actividades para toda la familia.

Hora: _____
Fecha: _____
Lugar: _____

La Iglesia del Nazareno

les invita a formar parte de la clausura de la

Estaremos entregando los trabajos manuales y también habrá actividades para toda la familia.

Hora: _____
Fecha: _____
Lugar: _____

ESCUELA BÍBLICA DE VACACIONES
HÉROES DE LA BIBLIA

Te invitamos a disfrutar juntos de un tiempo especial, donde tendremos:

HISTORIAS BÍBLICAS **JUEGOS** **MERIENDA**
MANUALIDADES **MÚSICA**

¡TE ESPERAMOS!

LUGAR: _____
FECHA: _____
HORA: _____

ESCUELA BÍBLICA DE VACACIONES

HÉROES DE LA BIBLIA

CHISPITA

RIZOS

www.ingramcontent.com/pod-product-compliance
Lightning Source LLC
Chambersburg PA
CBHW081348040426
42450CB00015B/3353